Commentaire de texte

Document rédigé par Julie Mestrot
Docteure en philosophie
(Université Paris VIII – Saint-Denis)

Bel-Ami

Incipit

Guy de Maupassant

lePetitLittéraire.fr

10 % DE RÉDUCTION SUR www.lePetitLittéraire.fr

Rendez-vous sur lePetitLittéraire.fr et découvrez :

- plus de 1200 analyses
- claires et synthétiques
- téléchargeables en 30 secondes
- à imprimer chez soi

Code promo : LPL-PRINT-10

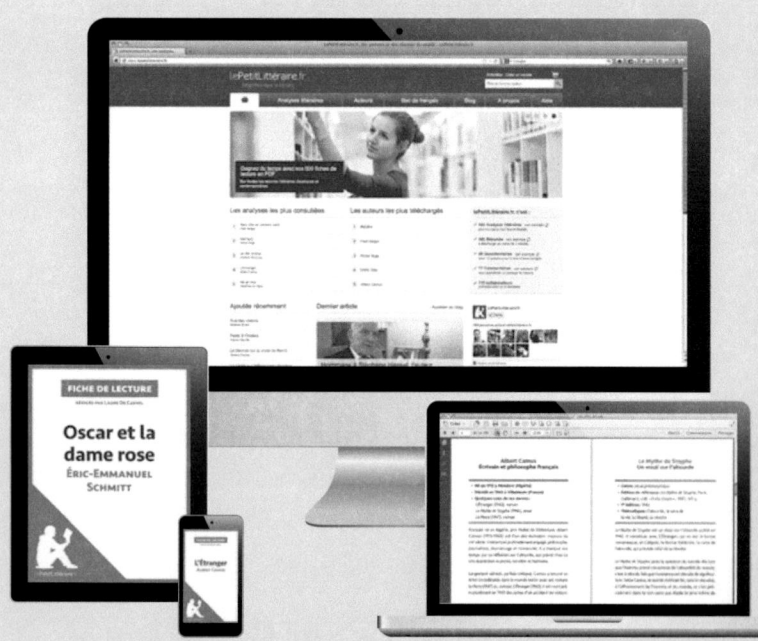

TEXTE ÉTUDIÉ 7
Incipit

MISE EN CONTEXTE 9
Maupassant : entre réalisme et naturalisme
Le réalisme selon Maupassant
Situation de l'extrait étudié

COMMENTAIRE 13
Un incipit assez traditionnel
Un portrait en action
Un début annonciateur

CONCLUSION 19

POUR ALLER PLUS LOIN 20

Guy de Maupassant
Écrivain français

- **Né en 1850 à Tourville-sur-Arques**
- **Décédé en 1893 à Paris**
- **Quelques-unes de ses œuvres :**
  - *Boule de suif* (1880), nouvelle
  - *Contes de la Bécasse* (1883), recueil de nouvelles
  - *Bel-Ami* (1885), roman

Né en 1850, Guy de Maupassant est un écrivain français, auteur de six romans et de plus de trois-cents nouvelles, de contes et de chroniques.

Il passe sa jeunesse en Normandie, où il commence des études de droit. En 1870, il s'engage comme volontaire dans la guerre franco-prussienne, puis s'installe à Paris où il travaille dans deux ministères afin de gagner sa vie. Gustave Flaubert, qui est un ami de sa mère, le prend sous sa protection et l'introduit dans les milieux littéraires. Il fréquente alors les écrivains réalistes et naturalistes, dont Émile Zola. De 1880 à 1890, il écrit des romans (*Une vie*, *Bel-Ami*) et de nombreuses nouvelles réalistes (*Boule de suif*, *Contes du jour et de la nuit*) ou fantastiques (*Le Horla*, *La Peur*) dans lesquelles il rend compte de sa vision pessimiste de la société. Il sombre peu à peu dans la folie et meurt en 1893.

Bel-Ami
L'ascension d'un jeune arriviste

- **Genre :** roman réaliste
- **Édition de référence :** *Bel-Ami*, Paris, Garnier-Flammarion, coll. « GF Étonnants classiques », 1999, 432 p.
- **1re édition :** 1885
- **Thématiques :** femmes, amour, milieu professionnel, ascension sociale, colonialisme

Bel-Ami est d'abord paru en feuilleton en 1885, puis en volume en 1886. Il connait dès sa parution un grand succès, et bénéficie du soutien de la critique, en dépit du tableau acide du journalisme qu'y dresse Maupassant. Mais ce roman de mœurs peint surtout dans un style remarquable et avec une grande lucidité l'hypocrisie de la société. Le réalisme puissant de Maupassant est nuancé par un esprit moqueur et amusé qui donne à cette œuvre sa force de séduction.

Bel-Ami met en scène Georges Duroy, un jeune arriviste venu tenter sa chance à Paris. Son visage et sa personne lui valent le surnom de « Bel-Ami ». C'est grâce à l'instrumentalisation des femmes, auxquelles il sait plaire, que ce héros à la fois médiocre et irrésistible fera une ascension sociale remarquable.

TEXTE ÉTUDIÉ

INCIPIT

Quand la caissière lui eut rendu la monnaie de sa pièce de cent sous, Georges Duroy sortit du restaurant.

Comme il portait beau par nature et par pose d'ancien sous-officier, il cambra sa taille, frisa sa moustache d'un geste militaire et familier, et jeta sur les dîneurs attardés un regard rapide et circulaire, un de ces regards de joli garçon, qui s'étendent comme des coups d'épervier.

Les femmes avaient levé la tête vers lui, trois petites ouvrières, une maîtresse de musique entre deux âges, mal peignée, négligée, coiffée d'un chapeau toujours poussiéreux et vêtue toujours d'une robe de travers, et deux bourgeoises avec leurs maris, habituées de cette gargote à prix fixe.

Lorsqu'il fut sur le trottoir, il demeura un instant immobile, se demandant ce qu'il allait faire. On était au 28 juin, et il lui restait juste en poche trois francs quarante pour finir le mois. Cela représentait deux dîners sans déjeuners, ou deux déjeuners sans dîners, au choix. Il réfléchit que les repas du matin étant de vingt-deux sous, au lieu de trente que coûtaient ceux du soir, il lui resterait, en se contentant des déjeuners, un franc vingt centimes de boni, ce qui représentait encore deux collations au pain et au saucisson, plus deux bocks sur le boulevard. C'était là sa grande dépense et son grand plaisir des nuits ; et il se mit à descendre la rue Notre-Dame-de-Lorette.

Il marchait ainsi qu'au temps où il portait l'uniforme des hussards, la poitrine bombée, les jambes un peu entrouvertes comme s'il venait de descendre de cheval ; et il avançait brutalement dans la rue pleine de monde, heurtant les épaules, poussant les gens pour ne point se déranger de sa route. Il inclinait légèrement sur l'oreille son chapeau à haute forme assez défraîchi, et battait le pavé de son talon. Il avait l'air de toujours défier quelqu'un, les passants, les maisons, la ville entière, par chic de beau soldat tombé dans le civil. Quoique habillé d'un complet de soixante francs, il gardait une certaine élégance tapageuse, un peu commune, réelle cependant. Grand, bien fait, blond, d'un blond châtain vaguement roussi, avec une moustache retroussée, qui semblait mousser sur sa lèvre, des yeux bleus, clairs, troués d'une pupille toute petite, des cheveux frisés naturellement, séparés par une raie au milieu du crâne, il ressemblait bien au mauvais sujet des romans populaires.

MISE EN CONTEXTE

> **BON À SAVOIR**
>
> Le naturalisme (qui a vu le jour à la fin du XIXe siècle) est un prolongement du courant réaliste (né au milieu du XIXe siècle). Le terme « réalisme » apparait dès 1826 dans le *Mercure de France* pour désigner la « littérature du vrai ». Il souligne chez les peintres et les écrivains la volonté de reproduire dans leurs œuvres le réel avec le plus d'objectivité possible, de « décrire la société dans son entier, telle qu'elle est », comme l'a expliqué Balzac.
>
> Quant aux romanciers naturalistes, ils accentuent les caractéristiques du réalisme en tentant de montrer dans leurs œuvres que l'homme obéit à un double déterminisme : il est d'une part influencé par l'hérédité biologique, d'autre part, par le milieu dans lequel il vit. Pour ce faire, les écrivains appliquent à leurs romans une méthode scientifique : après observation du réel, ils formulent une hypothèse et la vérifient par expérimentation. Ils placent alors un personnage déterminé dans une histoire bien précise et en dégagent la succession des faits qui obéit au double déterminisme cité ci-dessus. Cette démarche, voulue scientifique, doit mener à une meilleure connaissance de l'homme.

MAUPASSANT : ENTRE RÉALISME ET NATURALISME

Les critiques de l'époque ont sans cesse assimilé Maupassant au courant naturaliste. Pourtant, bien qu'il ait accompagné les écrivains naturalistes et qu'il soit l'héritier de Flaubert et de Zola, Maupassant a développé ses propres particularités qui le distinguent du naturalisme et l'inscrivent davantage dans la veine réaliste de la littérature, notamment avec des romans comme *Bel-Ami* ou *Une vie* – précisons qu'il existe aussi chez lui une veine plus fantastique.

Par ailleurs, on peut juger Maupassant naturaliste ou non selon la définition du naturalisme que l'on adopte : si on le restreint au modèle scientifique développé par Zola, celui-ci n'est nullement naturaliste, car il ne réalise pas d'enquête préliminaire à ses romans et ne se présente pas comme un savant. Une partie de son œuvre (dont *Bel-Ami*) se laisse toutefois caractériser comme naturaliste en vertu de l'importance accordée à l'analyse des mécanismes sociaux et en raison du gout de l'auteur pour le pathologique et le sordide, gout que l'on a si souvent reproché aux écrivains naturalistes.

Ainsi, on retrouve dans *Bel-Ami* certaines des grandes caractéristiques du réalisme :

- d'abord la volonté de donner au lecteur l'illusion de la réalité en multipliant les effets de réel : descriptions minutieuses d'objets familiers et utilisation d'un langage technique et argotique ;
- ensuite, la présence d'un héros typiquement réaliste, Georges Duroy : c'est un personnage problématique, contrasté et ambigu, donc proche de la vérité humaine, et non un héros idéalisé comme ceux que la littérature classique privilégiait jusque-là. On peut même aller plus loin en disant que George se rapproche de l'antihéros. Aussi, la société dans laquelle le jeune homme tente de s'insérer est-elle conforme à la réalité, le roman se faisant ici le reflet du monde réel ;
- enfin, Maupassant cherche à représenter la diversité des milieux de la société industrielle (dans *Bel-Ami*, il se penche tout particulièrement sur le milieu du journalisme), conçus comme ayant une influence causale sur le personnage, et à refléter la société dans sa dimension

la plus prosaïque. Il s'agit là bien entendu de deux caractéristiques majeures du courant réaliste. L'auteur souhaite rendre compte de la réalité telle qu'elle est, ce qui implique d'évoquer ce qu'elle a de plus bas et de plus immoral. Précisons que le réalisme a ainsi renversé l'échelle de valeurs selon laquelle l'œuvre d'art supérieure se doit de représenter des êtres nobles accomplissant des faits héroïques.

LE RÉALISME SELON MAUPASSANT

Bel-Ami est antérieur à *Pierre et Jean* (1887), dont la préface constitue une longue étude sur le roman. Mais les idées exprimées dans cette préface sont déjà mises en œuvre dans *Bel-Ami*. Maupassant y expose en quoi consiste l'illusion d'un art réaliste cherchant à reproduire le réel ; et il insiste en particulier sur le caractère subjectif de la vision que l'écrivain (comme tout homme) a du réel :

> Le réaliste, s'il est un artiste, cherchera, non pas à nous montrer la photographie banale de la vie, mais à nous en donner la vision plus complète, plus saisissante, plus probante que la réalité même. Raconter tout serait impossible, car il faudrait alors un volume au moins par journée, pour énumérer les multitudes d'incidents insignifiants qui emplissent notre existence. Un choix s'impose donc, ce qui est une première atteinte à la théorie de toute la vérité.
>
> La vie, en outre, est composée des choses les plus différentes, les plus imprévues, les plus contraires, les plus disparates ; elle est brutale, sans suite, sans chaîne, pleine de catastrophes inexplicables, illogiques et contradictoires qui doivent être classées au chapitre faits divers.

Voilà pourquoi l'artiste, ayant choisi son thème, ne prendra dans cette vie encombrée de hasards et de futilités que les détails caractéristiques utiles à son sujet, et il rejettera tout le reste, tout l'à-côté. [...] La vie encore laisse tout au même plan, précipite les faits ou les traîne indéfiniment. L'art, au contraire, consiste à user de précautions et de préparations, à ménager des transitions savantes et dissimulées, mettre en pleine lumière, par la seule adresse de la composition, les événements essentiels et à donner à tous les autres le degré de relief qui leur convient, suivant leur importance, pour produire la sensation profonde de la vérité spéciale qu'on veut montrer.

Faire vrai consiste donc à donner l'illusion complète du vrai, suivant la logique ordinaire des faits, et non à les transcrire servilement dans le pêle-mêle de leur succession. J'en conclus que les Réalistes de talent devraient s'appeler plutôt des Illusionnistes.

SITUATION DE L'EXTRAIT ÉTUDIÉ

L'extrait étudié est l'incipit de *Bel-Ami*, soit le début de l'œuvre. L'incipit d'un roman a généralement une double fonction.

- Il a d'abord une fonction d'information : il fournit des indications de temps, de lieu et d'action, et expose la trame narrative.
- Sa deuxième fonction est de susciter l'intérêt, la curiosité du lecteur, en créant un horizon d'attente. Cette dernière fonction est bien sûr particulièrement importante pour un roman publié d'abord sous forme de feuilleton, comme ce fut le cas de *Bel-Ami* : il fallait donner envie aux lecteurs de suivre l'histoire.

COMMENTAIRE

UN INCIPIT ASSEZ TRADITIONNEL

L'incipit de *Bel-Ami* est relativement traditionnel. Il nous renseigne sur le cadre spatiotemporel dans lequel s'ancre l'histoire, ainsi que sur le personnage principal. Par ailleurs, en proposant d'emblée un portrait ambigu du héros, il surprend et suscite avec force l'attention du lecteur. Mais l'entrée en matière *in medias res* est en même temps caractéristique d'une esthétique naturaliste.

Les indications de lieu et de temps, tout d'abord, sont précises mais partielles. Les termes « Boulevard », « Notre-Dame-de-Lorette » nous suggèrent que l'action se situe à Paris, sans que cela ne soit dit explicitement. Le personnage sort d'un restaurant et est donc mis en scène dans la rue, lieu ouvert où tout peut se passer. L'action se déroule « le 28 juin » : là aussi, il s'agit d'une indication à la fois précise et incomplète puisque nous ignorons l'année. Le lecteur peut cependant deviner l'époque de l'action, notamment grâce à la tenue du personnage (moustache, raie au milieu, haut de forme) caractéristique du Second Empire.

Quant au protagoniste, il est présenté avec beaucoup de précision, dans un portrait très détaillé et réaliste qui permet en outre de comprendre qu'il s'agit du héros du roman. « Georges Duroy », dont le patronyme indique l'origine roturière, domine cette première page, où il est le sujet de tous les verbes, excepté au troisième paragraphe, où il est l'objet de l'attention des femmes présentes dans le restaurant.

Dès la deuxième phrase, les expressions « il portait beau », puis « belle mine » renvoient au titre du roman : Georges Duroy, on le devine, est ce « bel ami ».

Enfin, ce début constitue, ainsi que nous l'avons indiqué plus haut, un incipit *in medias res*. Dès la première page du roman, le lecteur est plongé dans l'action en cours, comme l'indique l'usage des temps : le passé simple domine dans l'extrait jusqu'au quatrième paragraphe. Les subordonnées à l'imparfait sont souvent insérées dans des phrases au passé simple, ce qui signifie que la description est subordonnée à l'action : « Comme il portait beau par nature et par pose d'ancien sous-officier, il cambra sa taille, frisa sa moustache d'un geste militaire et familier, et jeta sur les dîneurs attardés un regard rapide et circulaire. » Ce début extrêmement dynamique a pour fonction d'entraîner immédiatement le lecteur dans l'action et de piquer sa curiosité.

Précisons que ce type d'incipit *in medias res* est caractéristique de l'esthétique naturaliste. Il vise à créer une complicité avec le lecteur qui est invité à reconnaitre des lieux et des modes qui lui sont contemporains et familiers, comme s'il n'était pas nécessaire de préciser où et quand se déroulent les faits. Cette façon de faire référence à un hors-texte supposé connu a aussi pour fonction de garantir l'authenticité de ce qui est exposé.

UN PORTRAIT EN ACTION

Ce début *in medias res* met d'emblée l'accent sur le personnage, dont le portrait nous est livré à travers une série d'actions.

Cette ébauche insiste dans un premier temps sur la beauté physique du protagoniste (« bel », « joli », « beau »). La description reste cependant réaliste : il ne s'agit pas d'une beauté idéalisée ou abstraite, mais au contraire d'une beauté très « terre-à-terre » caractérisée par le métier, le milieu (« il portait beau par nature et par pose d'ancien sous-officier ») et l'époque (« moustache », deux fois). Les qualifications assez banales (« bleus », « blond ») sont toujours renforcées et précisées : « blond, d'un blond châtain vaguement roussi », « des yeux bleus, clairs, troués d'une pupille toute petite ». Ce portrait nous est donc livré de manière à la fois très détaillée et méliorative.

Cette description physique permet en même temps d'envisager un portrait psychologique du personnage :

- le gros plan sur la moustache (« une moustache retroussée, qui semblait mousser sur sa lèvre ») annonce une certaine sensualité, renforcée par l'impression que le héros produit sur les femmes (« Les femmes avaient levé la tête vers lui ») ;
- la façon dont il est vêtu révèle d'une part sa misère, mais aussi son gout du paraitre et de la séduction : « chapeau à haute forme », « élégance tapageuse ». Georges Duroy apparait comme un séducteur déterminé, qui cherche à faire de son apparence une arme. Ce qui est confirmé par l'intervention finale du narrateur : « il ressemblait bien au mauvais sujet des romans populaires. » En outre, dans le troisième paragraphe, grâce à la focalisation interne, on voit clairement que le personnage juge et évalue les femmes présentes à l'aune de leur apparence : « trois petites ouvrières, une maitresse de musique entre deux âges, mal peignée, négligée » ;

- enfin, son regard, comme « des coups d'épervier », le présente comme un chasseur, ce qui est confirmé par la gradation : « Il avait l'air de toujours défier quelqu'un, les passants, les maisons, la ville entière. » Mais davantage encore, la couleur de ses cheveux, « blond, d'un blond châtain vaguement roussi » lui donne un caractère léonin, ce qui l'assimile carrément à un prédateur, cette précision rappelant en effet la couleur de la crinière d'un fauve.

Aussi l'insistance sur son passé de militaire (« d'ancien sous-officier » ; « militaire » ; « beau soldat tombé dans le civil » ; « Il marchait ainsi qu'au temps où il portait l'uniforme des hussards ») n'est pas non plus anodine. Elle met l'accent sur le caractère extrêmement viril du personnage, qui confine même à la brutalité et à l'agressivité : « comme s'il venait de descendre de cheval ; [...] il avançait brutalement dans la rue pleine de monde, heurtant les épaules, poussant les gens pour ne point se déranger de sa route » ; « il battait le pavé du talon. »

D'emblée le personnage nous est donc présenté comme un arriviste, par le biais d'un portrait « en action ». Le héros est ainsi le sujet d'un grand nombre de verbes de mouvement, le narrateur suivant sa progression dans l'espace : « il sortit », « il marchait », « il avançait ». À mesure qu'il avance, le lecteur en apprend davantage. Mais surtout, cette marche a une fonction symbolique. Le destin du héros est amorcé : son mouvement semble déjà annoncer un désir d'action, sa volonté de ne pas rester à la place sociale où il se trouve au début du roman. C'est un homme pragmatique, animé par une faim, une soif conquérante que soulignent d'ailleurs les assonances et allitérations (« battait le pavé de son talon »).

UN DÉBUT ANNONCIATEUR

Cet incipit est aussi intéressant dans la mesure où il montre le caractère réaliste de l'œuvre : les thèmes évoqués sont en effet typiques du réalisme et sont abordés de manière très réaliste également.

- le thème de l'argent, tout d'abord, dont il est question dès la première phrase (« Quand la caissière lui eut rendu la monnaie de sa pièce de cent sous »), puis dans tout le quatrième paragraphe de façon détaillée, se déploie dans un réseau lexical qui révèle la médiocrité sociale du héros : « sa pièce de cent sous » ; « trois francs quarante pour finir le mois » ; « cette gargote à prix fixe ». En égrenant ainsi ces sommes dans son incipit, l'auteur permet de mesurer la situation financière (et donc sociale) du héros ;
- corrélativement, Maupassant nous décrit sans pudeur un lieu populaire, un véritable aperçu de la vie parisienne, avec une abondance de détails qui peuvent paraitre banals et prosaïques : « bocks de bière », « pain », « saucisson », « gargote ». Les habitués de ce restaurant de basse qualité, « à prix fixe » – « trois petites ouvrières, une maîtresse de musique entre deux âges, mal peignée, négligée, coiffée d'un chapeau toujours poussiéreux » – sont eux-mêmes pauvres et misérables. Maupassant nous à voir donne de façon concrète le milieu social dans lequel évolue le personnage ;
- les femmes constituent un autre thème principal. Elles sont vues comme des proies par le héros. Le regard qu'il leur jette est révélateur : « rapide et circulaire, un de ces regards de joli garçon qui s'étendent comme des coups d'épervier » (un épervier est un oiseau de proie,

mais aussi un filet que l'on lance pour capturer des poissons). La phrase suivante suggère que les poissons seront, bien sûr, les femmes présentes. Les yeux du personnage sont d'ailleurs « troués d'une pupille toute petite », comme s'il était aux aguets. Par ailleurs, rappelons que la couleur de ses cheveux en fait un prédateur ;

- le passage d'une focalisation omnisciente à une focalisation interne au début du troisième paragraphe nous présente les femmes à travers du regard que Duroy porte sur elles. Significativement, il semble établir une gradation dans la hiérarchie sociale féminine. Il commence par le milieu social le plus bas, et par les plus jeunes, donc sans doute les conquêtes les plus faciles, mais les moins intéressantes : « trois petites ouvrières ». Il passe ensuite à la « maîtresse de musique entre deux âges », déjà plus élevée socialement, puisqu'elle a dû recevoir une éducation, mais avec des restrictions dans l'énumération qui la rendent peu séduisante (« mal peignée », « négligée », « un chapeau toujours poussiéreux », « une robe toujours de travers »). La reprise de l'adverbe « toujours » montre aussi que Duroy est un habitué de ce lieu, qu'il a déjà mesuré l'intérêt d'une telle conquête. Enfin, il évoque les « deux bourgeoises avec leurs maris », plus respectables socialement, et que le héros ne manque pas d'observer, quoiqu'elles soient mariées. On comprend alors que le désir de conquête du héros se réalisera essentiellement par l'entremise des femmes, qu'il instrumentalisera. Le lieu de l'action est en outre significatif : Notre-Dame-de-Lorette est ainsi appelé en raison de la forte présence de prostituées, de lorettes, soit de femmes faciles et légères.

CONCLUSION

Les points de vue multiples – focalisation externe des premières lignes ; focalisation interne quand Duroy observe les femmes et les juge ; focalisation omnisciente quand le narrateur nous apprend le passé du héros et ses ambitions futures – nous poussent à imaginer un personnage aux multiples facettes. Une série d'antithèses nous montre en outre la complexité de la situation du héros : « Quoique habillé d'un complet de soixante francs, il gardait une certaine élégance tapageuse, un peu commune, réelle cependant ». Le prix de son complet indique sa situation matérielle (avec la concession « quoique »). La proposition principale qui suit est cependant méliorative : « une certaine élégance ». Cette dernière expression s'oppose à son tour aux adjectifs péjoratifs (« tapageuse, un peu commune »), qui indiquent une certaine vulgarité, contredite à son tour : « réelle cependant ». Cet incipit est ainsi annonciateur du destin du héros dans la mesure où il nous présente un homme qui veut cacher sa pauvreté, qui doit trouver de l'argent et qui semble prêt à heurter les autres et à utiliser les femmes pour y parvenir. Duroy mesure l'écart entre sa situation et ses désirs, et il est conscient des moyens dont il dispose pour réussir.

POUR ALLER PLUS LOIN

ÉDITION DE RÉFÉRENCE

- Maupassant, *Bel-Ami*, Paris, Garnier-Flammarion, coll. « GF Étonnants classiques », 1999, p. 45-46.

SUR LEPETITLITTÉRAIRE.FR

- Fiche de lecture sur *Bel-Ami*
- *Boule de suif* de Guy de Maupassant
- Fiche de lecture sur *Contes de la bécasse* de Guy de Maupassant
- Fiche de lecture sur *La Maison Tellier* de Guy de Maupassant
- Fiche de lecture sur *La Parure* de Guy de Maupassant
- Fiche de lecture sur *La Peur et autres contes fantastiques* de Guy de Maupassant
- Fiche de lecture sur *Le Horla* de Guy de Maupassant
- Fiche de lecture sur *Le Papa de Simon* de Guy de Maupassant
- Fiche de lecture sur *Mademoiselle Perle et autres nouvelles* de Guy de Maupassant
- Fiche de lecture sur *Pierre et Jean* de Guy de Maupassant
- Fiche de lecture sur *Une vie* de Guy de Maupassant

Retrouvez notre offre complète sur lePetitLittéraire.fr

- des fiches de lectures
- des commentaires littéraires
- des questionnaires de lecture
- des résumés

ANOUILH
- Antigone

AUSTEN
- Orgueil et Préjugés

BALZAC
- Eugénie Grandet
- Le Père Goriot
- Illusions perdues

BARJAVEL
- La Nuit des temps

BEAUMARCHAIS
- Le Mariage de Figaro

BECKETT
- En attendant Godot

BRETON
- Nadja

CAMUS
- La Peste
- Les Justes
- L'Étranger

CARRÈRE
- Limonov

CÉLINE
- Voyage au bout de la nuit

CERVANTÈS
- Don Quichotte de la Manche

CHATEAUBRIAND
- Mémoires d'outre-tombe

CHODERLOS DE LACLOS
- Les Liaisons dangereuses

CHRÉTIEN DE TROYES
- Yvain ou le Chevalier au lion

CHRISTIE
- Dix Petits Nègres

CLAUDEL
- La Petite Fille de Monsieur Linh
- Le Rapport de Brodeck

COELHO
- L'Alchimiste

CONAN DOYLE
- Le Chien des Baskerville

DAI SIJIE
- Balzac et la Petite Tailleuse chinoise

DE GAULLE
- Mémoires de guerre III. Le Salut. 1944-1946

DE VIGAN
- No et moi

DICKER
- La Vérité sur l'affaire Harry Quebert

DIDEROT
- Supplément au Voyage de Bougainville

DUMAS
- Les Trois Mousquetaires

ÉNARD
- Parlez-leur de batailles, de rois et d'éléphants

FERRARI
- Le Sermon sur la chute de Rome

FLAUBERT
- Madame Bovary

FRANK
- Journal d'Anne Frank

FRED VARGAS
- Pars vite et reviens tard

GARY
- La Vie devant soi

GAUDÉ
- La Mort du roi Tsongor
- Le Soleil des Scorta

GAUTIER
- La Morte amoureuse
- Le Capitaine Fracasse

GAVALDA
- 35 kilos d'espoir

GIDE
- Les Faux-Monnayeurs

GIONO
- Le Grand Troupeau
- Le Hussard sur le toit

GIRAUDOUX
- La guerre de Troie n'aura pas lieu

GOLDING
- Sa Majesté des Mouches

GRIMBERT
- Un secret

HEMINGWAY
- Le Vieil Homme et la Mer

HESSEL
- Indignez-vous !

HOMÈRE
- L'Odyssée

HUGO
- Le Dernier Jour d'un condamné
- Les Misérables
- Notre-Dame de Paris

HUXLEY
- Le Meilleur des mondes

IONESCO
- Rhinocéros
- La Cantatrice chauve

JARY
- Ubu roi

JENNI
- L'Art français de la guerre

JOFFO
- Un sac de billes

KAFKA
- La Métamorphose

KEROUAC
- Sur la route

KESSEL
- Le Lion

LARSSON
- Millenium I. Les hommes qui n'aimaient pas les femmes

LE CLÉZIO
- Mondo

LEVI
- Si c'est un homme

LEVY
- Et si c'était vrai...

MAALOUF
- Léon l'Africain

MALRAUX
- La Condition humaine

MARIVAUX
- La Double Inconstance
- Le Jeu de l'amour et du hasard

MARTINEZ
- Du domaine des murmures

MAUPASSANT
- Boule de suif
- Le Horla
- Une vie

MAURIAC
- Le Nœud de vipères

MAURIAC
- Le Sagouin

MÉRIMÉE
- Tamango
- Colomba

MERLE
- La mort est mon métier

MOLIÈRE
- Le Misanthrope
- L'Avare
- Le Bourgeois gentilhomme

MONTAIGNE
- Essais

MORPURGO
- Le Roi Arthur

MUSSET
- Lorenzaccio

MUSSO
- Que serais-je sans toi ?

NOTHOMB
- Stupeur et Tremblements

ORWELL
- La Ferme des animaux
- 1984

PAGNOL
- La Gloire de mon père

PANCOL
- Les Yeux jaunes des crocodiles

PASCAL
- Pensées

PENNAC
- Au bonheur des ogres

POE
- La Chute de la maison Usher

PROUST
- Du côté de chez Swann

QUENEAU
- Zazie dans le métro

QUIGNARD
- Tous les matins du monde

RABELAIS
- Gargantua

RACINE
- Andromaque
- Britannicus
- Phèdre

ROUSSEAU
- Confessions

ROSTAND
- Cyrano de Bergerac

ROWLING
- Harry Potter à l'école des sorciers

SAINT-EXUPÉRY
- Le Petit Prince
- Vol de nuit

SARTRE
- Huis clos
- La Nausée
- Les Mouches

SCHLINK
- Le Liseur

SCHMITT
- La Part de l'autre
- Oscar et la Dame rose

SEPULVEDA
- Le Vieux qui lisait des romans d'amour

SHAKESPEARE
- Roméo et Juliette

SIMENON
- Le Chien jaune

STEEMAN
- L'Assassin habite au 21

STEINBECK
- Des souris et des hommes

STENDHAL
- Le Rouge et le Noir

STEVENSON
- L'Île au trésor

SÜSKIND
- Le Parfum

TOLSTOÏ
- Anna Karénine

TOURNIER
- Vendredi ou la Vie sauvage

TOUSSAINT
- Fuir

UHLMAN
- L'Ami retrouvé

VERNE
- Le Tour du monde en 80 jours
- Vingt mille lieues sous les mers
- Voyage au centre de la terre

VIAN
- L'Écume des jours

VOLTAIRE
- Candide

WELLS
- La Guerre des mondes

YOURCENAR
- Mémoires d'Hadrien

ZOLA
- Au bonheur des dames
- L'Assommoir
- Germinal

ZWEIG
- Le Joueur d'échecs

Et beaucoup d'autres sur lePetitLittéraire.fr

© lePetitLittéraire.fr, 2014. Tous droits réservés.

www.lepetitlitteraire.fr

ISBN version imprimée : 978-2-8062-5898-4
ISBN version numérique : 978-2-8062-5249-4
Dépôt légal : D/2014/12.603/210

Conception numérique : Primento,
le partenaire numérique des éditeurs